AF224269

NOTICE BIOGRAPHIQUE

DE M. LE

COMTE DE LA VERGNE

(Fleuret Jean-Baptiste)

LITTÉRATEUR ÉCONOMISTE, ANCIEN MAIRE DE MACAU, MEMBRE DE LA SOCIÉTÉ D'AGRICULTURE DE LA GIRONDE ET DE LA COMMISSION DES VIGNES DE LA SOCIÉTÉ LINÉENNE DE BORDEAUX.

PARIS

Extrait du VIIIe volume des *Biographies et Nécrologies des hommes marquants du XIXe siècle*, par V. Lacaine et Ch. Laurent, rue de Grenelle-St-Germain, 68.

1853.

LA VERGNE

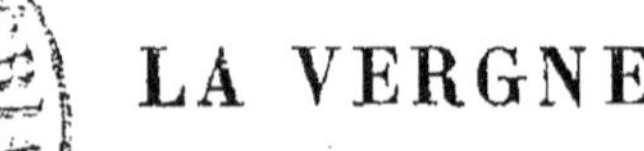

(Fleuret Jean-Baptiste, comte de).

M. de LA VERGNE est né le 20 décembre 1809, dans le département de l'Aveyron, où il possède le domaine de La Vergne-Montezic, à quelques lieues de la ville d'Aurillac.

Ce que nous allons dire de lui et de sa famille résulte des dépouillements que nous avons faits d'un nombre considérable de documents authentiques anciens et nouveaux, livres, mémoires, actes publics, correspondances et journaux.

Le nom de La Vergne (*La Verne, La Vernhe, La Vernie*), en latin *La Verna, de Verna, La Vernha, de Vernia*, très-anciennement connu dans le Rouergue, l'Auvergne, le Languedoc, la Guienne, la Bourgogne, le Limousin, le Périgord et le Poitou, a été illustré dans l'Église par des Abbés, des Évêques, des Archevêques et un Cardinal ;

Dans l'armée, par des Chevaliers de divers ordres, des Généraux, des Commandants de places fortes et un Gouverneur de province ;

Dans la magistrature, par des Présidents de Parlements ;

Dans les Sciences et les Lettres, par un très-grand nombre d'auteurs d'ouvrages estimés.

Les historiens, les chroniqueurs, les généalogistes et les archivistes Fleury, Bardel, Geoffroy du Vigeois, Moréri, Bosc, Castera, Condorcet, Corcelles et autres ont enregistré les titres que les La Vergne ont acquis à l'estime et à la reconnaissance publiques.

Bardel rapporte que Jean de La Vernhe « donna, en l'an
» 1152, *en don perpétuel*, champs et vignes du revenu de
» six blancs, pour la réparation et l'entretien de la chapelle de
» Campouriès en Rouergue, que ses ayeux avaient fondée. »

Les héritiers de Jean n'ont pas démenti sa générosité.

Par une délibération, dont nous avons une copie authenti-
que sous les yeux : « le Conseil de fabrique de Campouriès,
» considérant que, dès les temps les plus anciens, la famille
» de La Vergne a été la bienfaitrice constante de l'église de la
» paroisse, et que M. Jean-Fleuret de La Vergne-Montezic,
» actuellement à Bordeaux, lui a fait don d'une relique de
» Saint-Clair, son patron, délibère qu'il sera célébré tous les
» ans, le lendemain de la fête votive, un service pour tous les
» membres vivants et morts de la famille de La Vernhe. »

Avec le souvenir des services rendus par cette famille, on
conserve les traces de l'importante position qu'elle occupait
autrefois aux environs de La Vernhe-sur-Trueyre, son plus
ancien lieu d'origine.

Par une délibération dont nous croyons devoir transcrire ici
la principale disposition, le Conseil municipal de la commune
de Montezic demande : « que M. le Sous-Préfet de l'arrondis-
» sement institue une Commission qui sera chargée de diriger
» et surveiller les déblais que M. Jean-Fleuret de La Vergne,
» actuellement à Bordeaux, a ordonné de faire dans les ruines
» de l'antique demeure de ses ayeux, les comtes de Montezic,
» et cela, afin de recueillir et conserver des matériaux cu-
» rieux pouvant servir de documents à l'histoire si intéressante
» de l'ancienne ville de Montezic et à celle du Rouergue. »

M. de La Vergne commença ses études classiques dans
le sein de sa famille, les continua au collége d'Espalion,
et les termina à l'âge de quatorze ans, à Bordeaux, où il suivit
ensuite, sous la direction de MM. les Sulpiciens, des cours
de philosophie et de théologie, jusqu'en 1825.

Ce fut alors que l'amour des lettres grecques et latines le fit
entrer chez les révérends pères Jésuites de cette ville. Il y

fut reçu membre d'une académie récemment fondée sous le patronage naissant de Mgr. le duc de Bordeaux, et concourut activement à l'éclat de ses séances publiques. Entouré d'hommes bons, studieux, instruits et heureux, dont il partageait les travaux, M. de La Vergne eut un moment la pensée d'accepter une place dans leur ordre; il n'en fut détourné que par les ordonnances de 1828, qui déterminèrent la Compagnie à sortir de France.

Vers cette époque, M. de La Vergne se lia d'une étroite amitié avec une des familles les plus anciennes et les plus distinguées du royaume, qui devait exercer une influence heureuse et décisive sur ses destinées.

Des relations aussi élevées ramenèrent son esprit et son cœur à des idées et à des aspirations jusqu'alors contenues, mais non pas éteintes dans son âme. La passion du mouvement et des grands événements jaillit de son sang, pour ainsi dire, et l'instinct d'une nature ardente et forte renversa les digues élevées par une éducation calme et casanière.

En 1830, M. de La Vergne voulut faire la campagne d'Alger en qualité de volontaire. Il partait lorsque se présenta presque d'elle-même l'occasion d'un voyage bien différent, mais plus anciennement rêvé.

Il s'embarqua, le 11 juin, pour l'Amérique. Il se trouvait à la Martinique au moment où s'y faisait sentir le contre-coup de la révolution de France.

M. de La Vergne avait des sympathies pour une race malheureuse; mais il avait aussi le respect des lois établies, de la justice et de l'ordre. Il voulait que l'existence des noirs fût améliorée, mais il ne voulait pas que les vies et les propriétés des blancs fussent compromises, et comme elles étaient menacées, il s'arma pour les défendre. Lorsque l'incendie parut sur les hauteurs de Saint-Pierre, et pendant qu'elle s'étendait, en les dévorant, sur les champs de cannes à sucre, M. de La Vergne prit hardiment des mesures pour le salut des hôtes qu'il venait de trouver sur la terre étrangère.

Après avoir enfoui des papiers, des bijoux et des sommes considérables, il groupa les femmes et les enfants autour du chef de la famille, alors malade; il plaça sur les flancs et à l'arrière-garde les esclaves qui inspiraient le plus de confiance, et, ouvrant lui-même la marche, il arriva la nuit à la ville, à la lueur des flammes, au bruit de la fusillade, et mit son précieux convoi sous la protection de la garnison et de la milice. Moins inquiet dès-lors sur le sort des personnes, et voulant sauver les biens de la dévastation et du pillage, il reprit le chemin de l'habitation qu'il venait d'évacuer. C'était un lieu appelé *La Sagesse*, heureusement situé, qui avait servi de camp à l'occasion d'une révolte antérieure. M. de La Vergne établit rapidement des communications avec les habitations voisines; il fit un choix parmi les esclaves; intimida les cœurs douteux; encouragea les dévoûments à l'épreuve. Il était guidé quelquefois, et toujours secondé par M. Joseph Dert, son hôte, asthmatique et souvent malade, mais doué d'un courage et d'une intrépidité héréditaires dans sa famille, l'une des plus anciennes et des plus militaires de l'île. Chacun d'eux prenait à son tour, la nuit et le jour, le commandement de la place.

Cette conduite, qui avait bien ses périls, eut aussi ses succès. Elle valut au jeune Européen (il n'avait pas vingt-deux ans), des amitiés honorables et des éloges du colonel de Rostolan, commandant alors à Saint-Pierre.

Le rétablissement du calme permit à M. de La Vergne de s'occuper d'explorations, qui avaient été le principal but de son voyage; il réunit les matériaux d'un chapitre nouveau de *la Faune* et de *la Flore* des Antilles.

Il démontra la possibilité de faire d'une crique déserte un port utile.

Dans ses loisirs il écrivit, pour une maison d'éducation, des dialogues, des comédies et des poésies dont le Recueil fut publié depuis à l'insu de l'auteur.

Rentré en France, le 19 juin 1833, en passant par Bordeaux, où l'amitié le retint quelques jours, il courut en Rouergue reprendre au foyer domestique une place qu'on lui avait fidèlement gardée, en pleurant, disait son père, de la voir si longtemps inoccupée. Il y reçut de tendres accueils, mais n'y jouit pas d'une longue tranquillité. Une discussion politique, suivie d'une rencontre et d'un long procès, eut du retentissement et lui fit beaucoup d'honneur; mais elle troubla son repos à peine conquis, et rouvrit son cœur à de nouvelles aspirations, et son esprit à de nouveaux projets.

Après un séjour de quelques mois à Bordeaux, M. de La Vergne partit pour Paris, en 1835, et consacra dans cette ville six années consécutives à des études variées. Il suivait les cours de la Sorbonne et ceux des Écoles de droit et de médecine; il manipulait dans le laboratoire du savant Baudrimont, faisait de l'astronomie avec Arago, de l'homœopathie avec Hahnemann, et même du magnétisme chez Temple et Chapelain.

Il surveillait en même temps les études d'un jeune frère à Louis-le-Grand, et s'occupait d'une collection des meilleurs ouvrages de littérature ancienne et moderne pour la bibliothèque du château de Cantemerle. Il partageait ce dernier travail avec le baron Jules de Villeneuve de Durfort, son ami, chef de cette illustre famille bordelaise dont nous avons déjà parlé, jeune homme doué des plus exquises facultés intellectuelles et morales, et que la mort a ravi malheureusement à un glorieux avenir.

M. de La Vergne fit tourner ses recherches et ses connaissances bibliographiques au profit de l'œuvre des Bons livres, alors dans l'enfance, qu'il a contribué depuis à faire grandir. Il composa dans ce but son *Traité des bibliothèques paroissiales*, où sont posées avec une grande indépendance de vues les bases rationnelles de ces moyens d'instruction populaire. Le livre et le catalogue qu'il renferme sont en ce moment, de la part de l'auteur, l'objet d'un remaniement utile.

En 1841, M. de La Vergne alla se fixer au château de Cantemerle, terre vignoble de sa famille adoptive, voisine des propriétés qu'il possède lui-même en Médoc, près Bordeaux. Dès-lors, ardemment dévoué aux intérêts de ce crû renommé, il poursuivit avec un légitime acharnement les usurpateurs de son estampe, en France et à l'étranger.

Le procès qu'il intenta dans ce but devant les Tribunaux d'Amsterdam et de Bordeaux eut des proportions immenses, présenta des phases singulières, et donna lieu à des arrêts que l'on a curieusement consignés dans les annales de la jurisprudence.

Afin de préciser la valeur et l'étendue du nom de Cantemerle, la Cour royale de Bordeaux crut devoir pénétrer dans l'histoire des anciennes paroisses et juridictions seigneuriales, et connaître des transactions commerciales de plusieurs siècles.

Outre les archives considérables du château de Cantemerle, M. le comte de La Vergne osa, sans aide et sans guide, compulser les vieilles coutumes et chroniques de la province, les pouillés du diocèse, les terriers des abbayes, la collection de Douat, les rôles gascons, les archives départementales, et réunit ainsi deux cent vingt-six titres latins, gascons, français, de toute écriture et de toute date, depuis l'an 1270 jusqu'en 1844.

Une telle collection pour une seule cause fut le résultat de recherches et de triages dans la poussière de milliers de documents qui coûtèrent des jours et des nuits sans nombre. Ce fut avec cette panoplie sans modèle, que se battirent, pendant dix-huit mois, le célèbre jurisconsulte L. Brochon et l'avocat distingué Lagarde. Tous ces travaux firent consacrer dans les mains de la famille de Villeneuve-Durfort, une propriété des plus importantes que M. le comte de La Vergne avait revendiquée pour elle, et fournirent les matériaux curieux d'une histoire de la transmission des propriétés foncières dans la région Médoquine depuis les temps les plus reculés jusqu'à nos jours.

Après ces longs et pénibles débats, reprenant les habitudes plus régulières de l'agriculteur, vulgarisateur infatigable de toutes les bonnes méthodes agronomiques, membre de la Société d'agriculture de la Gironde, M. le comte de La Vergne n'a pas cessé d'accumuler dans les annales de cette Compagnie, et sur le sol de ses domaines, les témoignages multipliés de ses connaissances théoriques et pratiques.

M. le comte de La Vergne vivait ainsi calme et occupé, lorsqu'éclata la révolution de février 1848. Ce coup de foudre lui fit tomber des mains la serpe et la charrue, et l'on vit apparaître l'homme que faisait présager, dix-sept ans auparavant, l'épisode que nous avons raconté de l'histoire des révolutions des Antilles françaises.

À la première nouvelle du mouvement parisien, M. le comte de La Vergne courut à la mairie de Bordeaux pour se faire armer. Un fusil lui ayant été refusé, il se rendit au Cercle de l'Union où se trouvaient réunis quelques-uns des hommes les plus honorables de la ville. Ces bons citoyens, la plupart légitimistes, mais ne voyant en ce moment que les intérêts généraux qu'il fallait protéger, renouvelèrent avec succès auprès de l'administration, la tentative que M. le comte de La Vergne seul n'avait pu faire réussir, et le premier peloton de l'armée de l'ordre se trouva formé. Avec les devoirs du garde national, M. le comte de La Vergne s'en imposa de plus graves et de plus périlleux à remplir. Il entreprit d'imprimer une direction aux mouvements de l'opinion publique à Bordeaux. Il assista à la formation de tous les comités, de tous les clubs ; il affronta toutes les tribunes populaires.

Ses procédés oratoires avaient quelque chose de singulier et d'inusité. Il disait d'abord son nom et sa position sociale ; il indiquait sa demeure à la ville et à la campagne.

Il désignait parmi les ouvriers qui le servaient ceux qu'il croyait les plus connus, et demandait qu'on s'informât si quelqu'un avait quelque chose à lui reprocher.

Il se disait homme nouveau en politique, et avouait cependant qu'il serait légitimiste en cas de monarchie. De là, pour lui, l'occasion de vanter la royauté qu'on venait d'abolir. Il provoquait d'abord des orages qu'il bravait avec une audacieuse intrépidité. Il les calmait ensuite, en déclarant qu'en attendant le rétablissement d'Henri V, il était disposé à favoriser l'essai qu'on semblait vouloir faire de la République, et disait à quelles conditions. Il traitait alors la question la plus importante à l'ordre du jour. Sa péroraison était ordinairement un serment énergique, éloquent et solennel de donner sa vie pour empêcher qu'aucun intérêt légitime ne fût sacrifié, et de n'accepter jamais, en récompense de son dévoûment au bon ordre, ni la députation, ni aucune place rétribuée. Cette manière franche et hardie d'aborder les hommes et les idées du moment, lui attirait l'estime et la confiance de ses auditeurs ; car il avait sur certains meneurs qu'il voulait combattre, l'avantage immense de pouvoir dire avec honneur ce qu'il était, d'où il venait, ce qu'il pensait, et de refuser les candidatures et les emplois qu'ils ambitionnaient publiquement.

Quand il connut l'esprit des clubs et des comités qui fractionnaient la population bordelaise, il s'occupa d'organiser un moyen capable de favoriser les bonnes tendances et de paralyser les mauvaises.

Il forma le comité des corporations d'ouvriers réunies. Il établit les bureaux dans son hôtel cours d'Albret, et tint les séances rue Montbazon, dans un local fourni par la ville. C'était de là, que soixante-dix-neuf délégués transmettaient les idées et les résolutions qui devaient éclairer et faire agir seize mille membres des trente-trois principales corporations de Bordeaux.

L'importance de cette situation se manifesta dans une occasion solennelle que nous croyons devoir rappeler.

Certains clubs voulurent planter des arbres de liberté. M. le comte de La Vergne fit décider par son comité qu'il n'en serait planté qu'un seul, et dans le cas où les autorités l'approuveraient. Il se rendit avec les membres de son bureau chez M. Billaudel, alors Maire de Bordeaux, et chez Mgr l'Archevêque ; il en revint avec l'assurance que tout le clergé concourrait à la cérémonie, et que les autorités la présideraient.

Le 9 avril, les corporations, rangées sous leurs trente-trois drapeaux, ayant à leur tête le chef qu'elles s'étaient donné, partirent du cours d'Albret et se rendirent aux Quinconces, où fut planté par le Maire, le Commissaire du Gouvernement et l'Archevêque, en présence de la ville tout entière, le seul arbre promis au Comité des travailleurs réunis.

Le lendemain, M. le comte de La Vergne expliquait dans tous les journaux le sens de cette solennité. Nous reproduisons littéralement les termes de sa déclaration que nous lisons dans le *Journal du Peuple* du 11 avril.

« A nous, qui prenions la plus grande part à la cérémonie,
» à nous de dire et l'esprit qui nous animait et le véritable ca-
» ractère que nous donnions à cette fête.

» Persuadé que ses intérêts bien compris n'ont rien d'hostile
» ni de contraire aux légitimes et véritables intérêts d'autrui,
» l'ouvrier sait que son bonheur ne doit faire le malheur de
» personne, et sent instinctivement que sa joie est la joie de
» tous.

» Il considérait donc à bon droit cette fête comme une fête
» de famille, et c'est pour cela qu'il y prenait une si large
» part. Il n'aurait pas voulu, il ne voudra jamais d'un bonheur
» qui ne serait qu'à lui, parce qu'il n'admet pas que quelques
» citoyens aient l'expression et le bénéfice des idées et des
» sentiments de tous.

» Aussi, la solennité qui nous rassemblait hier eût encouru,
» de la part de l'ouvrier, une profonde indifférence, peut-être
» un blâme sévère, si les pères de la grande famille ne l'avaient
» pas approuvée, présidée et bénie ; *car c'est d'eux seuls que*
» *la population ouvrière de Bordeaux consent à recevoir l'ini-*
» *tiative et la direction dans tous les grands actes auxquels*
» *elle doit concourir.*

» Pour l'ouvrier, l'arbre que nous avons planté n'est point

» un souvenir ; parce que, voulant une joie sans mélange, il
» mure en ce moment tout au fond de sa mémoire, pour en
» faire le triage plus tard, les grandeurs et les fautes du passé.
» Cet arbre n'est pour lui que le signe d'espérances grandes,
» généreuses et légitimes. Planté, non par quelques mains
» égoïstes ou trop empressées, mais par les mains du peuple
» tout entier, il n'est l'arbre que du bien, il n'est que le sym-
» bole de la conciliation de tous les intérêts, sur lequel l'ouvrier
» vient d'appeler toutes les bénédictions de son bon Dieu.

» C'est ainsi que toutes les corporations de travailleurs réu-
» nies comprennent, c'est ainsi que tout le peuple bordelais
» doit comprendre la solennité de ce jour, l'une des plus belles
» dates qui resteront dans sa mémoire.

» La plus mûre, la plus haute raison dans l'expression des
» sentiments les plus honorables, les plus ardents et les plus
» profonds.

» Voilà comme le véritable caractère de notre population s e
» révèle en ce moment. Il n'est plus possible de s'y méprendre,
» et malheur à qui désormais pourrait le méconnaître et s'ex-
» poser à le violenter. »

Comme on le voit, M. le comte de La Vergne s'attachait à
séparer publiquement son action sur les masses ouvrières, de
celle que certains clubs avaient la prétention d'exercer. Aussi
fut-il en butte aux attaques les plus violentes. La salle des
réunions de son comité devint une véritable arène, où des-
cendaient, l'écume aux lèvres, mille dénonciateurs *du comte,
du carliste, du faux républicain.*

On exhibait avec horreur une liste de candidats où M. le
comte de La Vergne avait inscrit les noms les plus connus des
anciens partis royalistes, entr'autres, ceux des légitimistes,
de Sèze, de Salinis, de La Myre-Mory. On s'écriait que c'était
une république sans républicains, et l'on vociférait et l'on
menaçait.

M. le comte de La Vergne répondait que la république de
l'ouvrier devait être celle de tous les honnêtes gens, et que

ce n'était pas sa faute si les démocrates n'étaient pas assez connus pour y figurer ; qu'en attendant, il convenait d'employer les grands hommes aux grandes choses ; et qu'au surplus, ainsi qu'il espérait l'avoir montré par lui--même, les meilleurs royalistes étaient les meilleurs républicains.

Quant aux menaces, il y répondait toujours de la voix et du geste par le défi et le mépris.

L'irritation grandissait ; des actes de violence, le meurtre même étaient résolus ; de toute part M. le comte de La Vergne recevait des avis, des prières de s'éloigner de Bordeaux. Il se montrait *reconnaissant de toutes les marques de sympathie qu'on lui donnait, et continuait* à faire tête à l'orage. Le Comité parvint ainsi, sans se laisser entamer, aux élections des représentants du peuple, terme qu'il avait lui-même fixé pour la clôture de ses travaux.

On eut alors une nouvelle preuve de l'influence considérable qu'avaient acquise les corporations de Bordeaux.

L'ouvrier et le chef d'atelier recommandés par leur comité obtinrent, l'un 30,000 et l'autre 33,000 voix.

On a vanté le bon esprit de la population Bordelaise en 1848. Nous croyons qu'après avoir lu ce que nous venons de raconter, on en désignera facilement l'une des principales causes.

Des agitations de la politique, M. le comte de La Vergne revint aux travaux des champs, emportant dans sa retraite, où il le conserve comme un glorieux souvenir, le grand drapeau des corporations que la ville de Bordeaux avait vu sans défiance flotter sur la porte principale du bel hôtel de Poissac.

En 1850, il accepta les fonctions de Maire, que lui imposa le suffrage universel de la commune de Macau. Sous sa courte mais active, intelligente et paternelle administration, le port de Macau, l'un des plus considérables de la rive gauche de la Garonne, a été construit ; des places publiques ont été nivelées ; l'achèvement de l'église, la création d'une salle d'asile, la reconstruction de la mairie et des écoles primaires, l'établissement d'un lavoir public ont été préparés et seront à jamais la preuve que le légitimiste de La Vergne savait faire de la bonne république.

Si M. le comte de La Vergne n'a point terminé tous les travaux qu'il avait entrepris, c'est qu'en 1852, il lui parut que le moment était venu pour un fonctionnaire légitimiste et républicain de se retirer devant ceux qui ne sont ni l'un ni l'autre.

Le viticulteur se devait, d'ailleurs, à des soins plus importants et plus généraux ; la maladie de la vigne envahissait déjà les vignobles de la Gironde.

Depuis lors, M. le comte de La Vergne, fait la guerre aux parasites de la vigne, ces autres partageurs de la propriété foncière. Les journaux ont publié ses lettres sur l'*Oïdium Tuckeri;* une Société savante a confirmé les expériences qu'il a faites des moyens propres à combattre le fléau. Il a écrit sur la matière un livre dont la publication prochaine est annoncée. La science doit à ce savant littérateur et économiste plusieurs ouvrages remarquables :

1° *Mélanges littéraires;*

2° *Bibliothèques paroissiales* [1];

3° *Mémoire sur les Sociétés d'assurances contre la Grêle;*

4° *Réflexions critiques sur les ouvrages de M. Housset;*

5° *Rapports à la Société d'Agriculture de la Gironde:*

6° Articles dans les journaux.

M. le comte de La Vergne est aussi modeste qu'érudit; actif, affable, bon et généreux, possédant des connaissances étendues et approfondies, et joignant aux belles manières du grand monde une urbanité qui caractérise l'homme supérieur, et qui, au siècle dernier, avait rendu la noblesse française

---

[1] Publié sous le patronage de S. E. Mgr le Cardinal Giraud.

si célèbre dans le monde entier, qualités que tous devraient connaître et imiter, afin de donner l'exemple du vrai courage et des vertus civiques.

Ami de l'ordre, patriote sincère et dévoué, mettant l'intérêt du pays avant tous les autres; se passionnant pour toute idée grande, bonne et utile. Il sait faire dans l'occasion bon marché de son temps, de sa fortune, de sa vie. Tel village lui doit son lavoir, telle famille sa demeure, tel laboureur son attelage, telle société d'ouvriers les premiers frais de son établissement. Bordeaux ne saurait oublier les services qu'il a rendus dans des moments si difficiles et si périlleux. M. le comte de La Vergne a le droit d'en emporter la conviction dans sa studieuse retraite ou le suivent l'estime et la considération des hommes de bien.

www.ingramcontent.com/pod-product-compliance
Lightning Source LLC
Chambersburg PA
CBHW061601050726
47595CB00009B/3937